DIETMAR KRÖNERT

BÖSE, BÖSE BÖRSE

und das Wenige, was Sie über Aktien wirklich wissen sollten

DIETMAR KRÖNERT

BÖSE, BÖSE BÖRSE

und das Wenige, was Sie über Aktien wirklich wissen sollten

Als Bonus:
Die Sache mit dem Alphaaffen
Ein Taschenbrevier

Bibliografische Information der Deutschen Bibliothek:
Die Deutsche Bibliothek verzeichnet diese Publikation in der Deutschen Nationalbibliografie; detaillierte bibliografische Daten sind im Internet unter *http://dnb.ddb.de* abrufbar.

Impressum

Verlag: BoD · Books on Demand GmbH, In de Tarpen 42,
22848 Norderstedt, bod@bod.de
Druck: Libri Plureos GmbH, Friedensallee 273,
22763 Hamburg
ISBN: 978-3-7693-5056-2

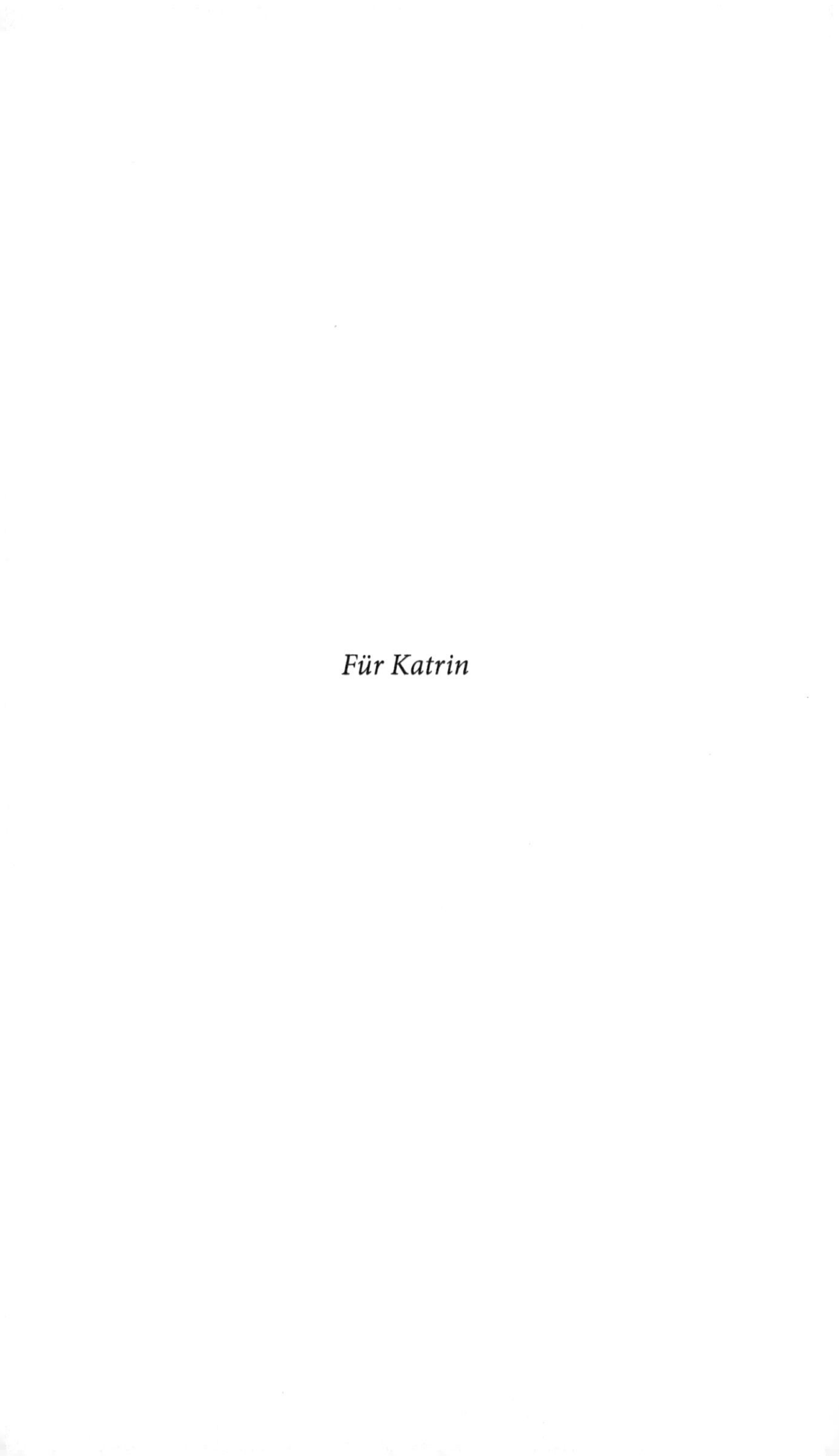

Für Katrin

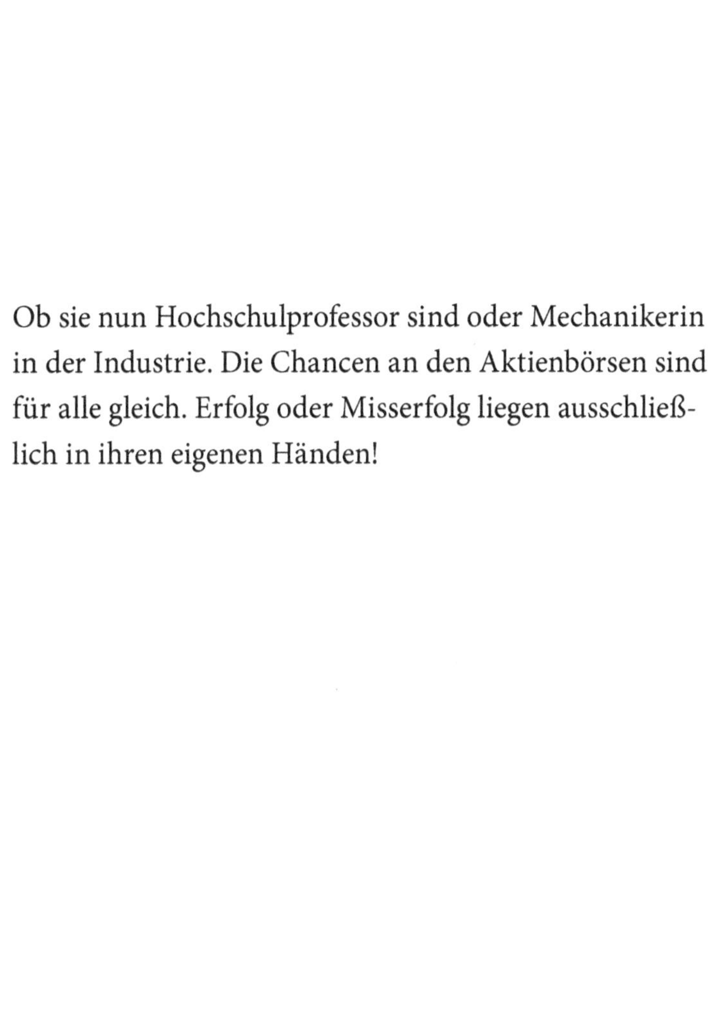

Ob sie nun Hochschulprofessor sind oder Mechanikerin in der Industrie. Die Chancen an den Aktienbörsen sind für alle gleich. Erfolg oder Misserfolg liegen ausschließlich in ihren eigenen Händen!

Vorwort

Jede Frau und jeder Mann hat das Recht, sein Geld in Aktien zu investieren und anzulegen. Trotz der Tatsache, dass die deutsche Politik die Bürger, Arbeitnehmer und Angestellte, mehr oder weniger nachdrücklich seit Jahrzehnten in reine Geldmarktanlagen und subtil in die Verschuldung fürs Häusle gedrängt hat.

Geld unterliegt einer permanenten Entwertung. Die zu erzielenden Zinsen für das Geld liegen meist unter der Inflationsrate, was auf Dauer den ursprünglichen Wert einer Geldanlage über die Jahre dahinschmelzen lässt. Sodass man sich für den lächerlichen Rest gerade noch ein Eis und eine Kinokarte kaufen kann. Zugegeben, diese Darstellung ist etwas übertrieben. Tatsache ist aber, dass in den vergangenen ein, zwei Jahrhunderten das mühsam erarbeitete Geld der Menschen mehrmals völlig entwertet worden war und gerade noch zum anfeuern der Holz- und Kohleöfen taugte. Da half dann auch die hochgeschätzte Politik nicht weiter. Bürger versanken in Armut und Elend mit allen einhergehenden gesundheitlichen Folgen. Eine Portion Eis gab's dann ohnehin nicht mehr.

Wer sich dazu verleiten lies, sich auf Schuldenbasis das schöne Häuschen im Grünen zu leisteten, musste nicht selten ein Leben lang dafür den Schuldendienst bedienen. Was sich von Dienen herleitet. Schulden machen abhängig. Man könnte auch sagen, Schulden sind die moderne Sklavenkette. Jede Immobilie unterliegt auch einer Abnutzung, Reparaturen und behördlichen Auflagen. Das wiederum wird nicht selten über eine Aufstockung der Verschuldung der Immobilie geleistet. Mein guter alter Vater ging genau diesen Weg. Bis zu seinem Tode war er mit Schulden belastet, und was am Ende blieb, war nicht der Rede wert.

Etliche der uns umgebenden Staaten und Länder haben ihr Rentensystem auf einen aktienbasierten Staatsfonds umgestellt. Die intelligenten Politiker Norwegens oder Katars zum Beispiel haben die Zeichen der Zeit längst erkannt. In unserem guten alten, dahindämmernden Deutschland wird seit Politikergenerationen in Erwägung gezogen, debattiert, und es werden gebetsmühlenartige Ankündigungen wiederholt. Da bleibt dem Bürger nichts weiter übrig, als die Initiative in die eigenen Hände zu nehmen.

Der aktuelle Kanzlerspruch für die wartenden Journalisten zu jedem sich anbietenden Thema lautet: »Wir haben gute Gespräche geführt«.

Da bliebe dann nur noch die Frage: Was wurde denn zu Mittag serviert?

1

Um das Wichtigste, was Sie wissen müssen, zu vermitteln, braucht es keine dicken Bücher. Möglicherweise lenken allzu viele Informationen rund um die Börsen, des Geldwesens im Allgemeinen und alle möglichen Anekdoten nur unnötig ab.

Trotz allem begann ich mit meinem eigenen Einstieg ins Börsengeschehen. Das war so um 1973 herum. Bis dahin hatte ich von Aktien und Börsen, von den Chancen und Risiken auf den Märkten nicht den geringsten Schimmer. Während eines Restaurantbesuches mit Bekannten plauderte ein Bankangestellter beiläufig von einem neu aufgelegten, internationalen börsennotierten Fund. »Global Natural Resources«, so der Titel in meiner Erinnerung. Emittent: Ein US-Amerikaner namens Bernie Cornfeld hatte das Papier unters gläubige Anlegervolk gebracht, so ebenfalls in meiner Erinnerung.

Tags darauf hatte ich einen Kaufauftrag von über Tausend D-Mark erteilt und die Anteile sechs Monate später mit Hundert Prozent Gewinn wieder verkauft. Und das ist beileibe nicht die Regel. Normalanlegern, wie ich es bin, bleibt nur ein gesundes Mischverhältnis von Plus und Minus zu erreichen. Normalerweise bin ich mit einem mittleren Jahresergebnis von 10 bis 15 Prozent Ertrag zufrieden - bei einer durchschnittlichen Haltedauer von zumeist drei Wochen bis drei Jahren - zuzüglich natürlich der gewährten Dividenden.

Damals, in der guten alten Zeit, konnte man noch Spekulationsgewinne nach einer Haltezeit von sechs Monaten steuerfrei einstreichen. Das wurde vom Gesetzgeber seither mehrfach geändert. Heutzutage ist die Regelung ganz einfach: An der Quelle werden etwas mehr als 25 Prozent vom Spekulationsgewinn direkt von der Depotbank an die Steuerbehörde abgeführt. Dabei ist es gleichgültig, ob Sie die Aktien eine Stunde oder zwanzig Jahre lang in Ihrem Depot gehalten haben. Die Entscheidung, wie Sie mit dieser Regelung in Bezug auf die Haltedauer verfahren werden, liegt also ganz bei Ihnen.

Zurück zu den Ursprüngen: Damals 1973 waren Internetbanking oder Telefonbanking noch absolute Fremdworte. Ich machte mich also auf den Weg zur Bank. Ein »Bankbeamter«, heutzutage Mitarbeiter oder Sachbearbeiter genannt, nahm meine Order auf einem Zettelchen schriftlich an. Das Orderzettelchen wurde dann für den nächsten Handelstag an eine Börse weitergeleitet. Wahrscheinlich per Fax, wie ich vermute.

Für mich war das damals ein Sprung ins kalte Wasser und Learning by Doing im Schnelldurchlauf. Mit dem zweiten Kaufauftrag hatte ich dann auch direkt ein weiteres, wenn auch gänzlich anderes Lernerlebnis. Zwischenzeitlich hatte ich damit begonnen, den Wirtschaftsteil der Zeitungen zu studieren. Information, so viel war klar, hatte Priorität.

Damals, nach dem verlorenen Krieg, sind die großen deutschen Banken, die Deutsche Bank, die Commerzbank und die Dresdner Bank, neu gegründet worden. Die Papiere der Altbanken wurden an den Börsen noch für Pfennige, als sogenannte »Reste« gehandelt. Allerdings mit Abfindungsfantasie. Ich begab mich also erneut zur Sparkasse und orderte einige tausend Stück Commerzbank-Reste. Dabei lächelte beziehungsweise »grinste« der Bankmensch »vernehmlich« in sich hinein, was mich derart verunsicherte. Der weiß was, was ich nicht weiß, dachte ich und gab infolgedessen ein knappes Limit an. Am folgenden Börsentag lag der erste Kurs schon über meinem Limit und damit war ich nicht mehr dabei! Mist! In der Folge ging der Kurs ungestreift weiter nach oben. Ich hatte mich von einem unkundigen oder vielleicht auch überheblichen Bankarbeiter verunsichern lassen.

Was sagt uns das? Die Bankleute wissen auch nichts und stochern wie wir alle im Dunkeln.

Der großartige Comedian Dieter Nuhr brachte es

auf seiner Bühne einmal vor Jahren auf den Punkt, ungefähr mit diesen Worten: »Ihr Bankberater, der weiß nichts. Wenn der Ahnung hätte, dann läge der in Honolulu am Strand und säße nicht in seiner verschissenen Bank.« Im gleichen Kontext sprach er auch über die sogenannten Sportexperten und Ex-Fußballprofis, die für Wettbüros die Werbetrommel rührten. »Wenn die eine Ahnung hätten, dann ...« Und dann bekamen auch noch die sogenannten »Wirtschaftsweisen« ihr Fett weg. Diese »ausgewiesenen Experten« lagen mit ihren Erkenntnissen und Schätzungen noch nie richtig. Danke Dieter Nuhr für diese wichtigen Infos.

Okay, Spaß beiseite. Glauben Sie also nicht alles, was man Ihnen vormacht. Es gibt unzählige Ratgeber, die Ihnen irgendetwas anpreisen. Das erinnert stark an die Marktschreier früherer Zeiten. So ziemlich jeder will Ihnen etwas verkaufen. Seien Sie Ihr eigener Herr mit eigenen Entscheidungen und dem eigenen Bauchgefühl.

Das Bauchgefühl: Für mich der wichtigste Ratgeber. Ich habe über die Jahrzehnte oft sehr viel Geld verloren, wenn ich den Ratschlägen anderer gefolgt bin. Andererseits: Immer wenn ich meinen Instinkten folgte, hatte ich zumeist auch Erfolg.

Zwischen Kopfintelligenz und Bauchintelligenz vermittelt der Darm.
Da bekommt der Ausruf »ach du heilige Scheiße« eine ganz neue Bedeutung.
DK

Beispiel: Ich hatte in den 80ern mein Depot bei einer großen deutschen Bank. Eines freundlichen Tages wollte ich nichts weiter, als die fehlerhafte Ausführung meiner Order melden. Die Bank hatte meinen Kaufauftrag doppelt ausgeführt. In Fakt: Anstatt 100 Aktien eines amerikanischen Telekom-Anbieters wurden mir zweimal 100 Stücke eingebucht. Der Sachbearbeiter meinte, er könne die zweite Ausführung zurückbuchen. »Nein, nein«, sagte ich. »Ist schon okay so«. Und dieses OK hatte sich dann auch wenig später für mich doppelt ausgezahlt. Der Berater, respektive Verkäufer, pries mir dann mit großer Überzeugungskraft die Großfleischerei Moksel AG an. Von der hatte ich aber zuvor noch nie etwas gehört. Die Aktie kostete damals so um die 100 D-Mark pro Stück. Ich hatte aber keine Lust, irgendetwas zu kaufen, von dem ich keinerlei Informationen hatte, und lehnte dankend ab. Der Mann musste wohl auf Geheiß das Zeug losschlagen. Irgendwann später las ich im Börsenteil zufällig, dass eben diese

Empfehlung gerade noch eine Mark pro Stück wert war. »Aha!«

Was also ist die Erkenntnis aus all dem, was man im Laufe der Zeit mit den so genannten Fachleuten so erlebt? Mein Rat: Sie dürfen und sollen aber auch wirklich alles lesen und sich anhören. Um Ihre eigenen Entscheidungen zu treffen, müssen Sie sich sogar mit Wirtschafts- und Politiknachrichten befassen und lernen, das Gehörte richtig einzuordnen. Das kann Ihnen niemand abnehmen. Eine andere Möglichkeit als die Eigeninitiative gibt es nicht. Verschaffen Sie sich eigenes Wissen über die Unternehmen, deren Anteile Sie zu kaufen gedenken. Das hört sich lästig an, bringt aber auf Dauer Erfolg.

2

Kein Mensch auf der Welt ist allwissend. Wenn Ihnen jemand erzählt, dass er immer nur gute Geschäfte und Gewinne macht, ist er unter Garantie ein Lügner.

Ich realisiere seit mehr als fünfzig Jahren Jahr für Jahr Gewinne, aber auch Verluste. In all den Jahren blieben mir unter dem Strich durchschnittlich ein jährlicher Nettoertrag von 10 bis 15%. Ich kann damit leben, auch und weil ich kein Insider bin. Natürlich haben Menschen, die an den Hebeln der Unternehmen, Banken und Versicherungen sitzen, Einblicke, die ich nicht habe. Somit bleibt mir nichts anderes übrig, als die Märkte, die Unternehmen und die politischen Gegebenheiten zu beobachten, zwischen den Zeilen zu lesen und 1&1 zusammenzuzählen. Was Sie als Anleger oder Neudeutsch Shareholder mitbringen müssen, ist Mut! Und Entscheidungsfreudigkeit.

Entscheidungsfreudigkeit: Wenn ich am Morgen mein Frühstück zelebriere, die Zähne putze und mich so nach und nach meines »Schlafgewandls« entledige, flimmern schon die ersten Börsenkurse über den TV-Schirm. Stuttgart handelt schon ab 7 Uhr 55 in Realtime. Frankfurt startet um 8 Uhr. Xetra eröffnet um

9 Uhr und deren Kurse erscheinen dann mit 15 bis 16 Minuten Nachlauf.

Ich beobachte über die Jahre kaum mehr als 50 bis max. 100 Einzelwerte und den gesamten Markt eher flüchtig. Wenn sich plötzlich relevante Nachrichten und Kursbewegungen einzelner Papiere ergeben, entscheide ich mich meist sehr schnell. Ich sehe mir die verfügbaren Tabellen und Kursverläufe der Aktie an und greife meist schon nach Sekunden zum Telefonhörer. (Ein Handy habe ich noch nie besessen, nerviges Zeug halte ich mir fern.) Ich spreche dann mit dem Computer der Depotbank, er versteht mich und ich versehe ihn, wir kommen gut miteinander aus. Beispiel aus der letzten Zeit: Der Kurs der DHL, der guten alten »Deutsche Post AG«, machte eines schönen Morgens plötzlich und unvermittelt einen kleinen Kursrutsch. Eine kurze Rücksprache zwischen Hirn und Bauch: Der Kurs der Aktie bewegt sich an dem Morgen sprunghaft und in kurzen Abständen. Da hat wohl irgendjemand einen größeren Verkaufsauftrag platziert. Telefonhörer! Bankcomputer! Kaufauftrag! = Günstiger Einstieg. Damit war die Arbeit für diesen Tag getan. An der Börse ist so ziemlich alles Psychologie. Man muss ein Gefühl dafür entwickeln, wie Menschen ticken, und allgemeine Strömungen erkennen.

3

Ich selbst habe so, wie manch anderer auch, viel Lehrgeld bezahlt. Immer wenn ich Empfehlungen gefolgt bin, habe ich viel zu oft Geld oder gleich den ganzen Einsatz verloren. Da kommen über die Jahre fünfstellige Summen zusammen. Tatsache! Wahrscheinlich noch mehr. Man darf den Verlusten aber nicht nachtrauern, sondern muss immer nach vorne schauen. Also eine gesunde Einstellung zu Gewinn und Verlust entwickeln.

Gewinne einstecken. Verluste wegstecken.

Aber nicht nur Bankberater oder Fachjournale können Ihnen Schaden zufügen. Auch auf die Politik ist selten Verlass. Vor ca. 35 Jahren habe ich mich blöderweise von dem Großredner Kanzler Kohl verkohlen lassen. Der fabulierte in Bezug auf die neuen Bundesländer von »blühenden Landschaften« und dass kein Deutscher auch nur einen Pfennig für die Eingemeindung der neuen Bundesländer bezahlen müsse. Nun ja, danach, über 30 Jahre lang, bezahlten wir Staatssklaven dann doch milliardenfach den Solidaritätszuschlag. Die vorhandenen Werte der neuen Länder wanderten dann wieder einmal in die bekannten Taschen. Auch mit der Einführung des Euros hatte Kohl damals seine Banalitäten zum Besten gegeben: Zum Beispiel, dass man an den europäischen Grenzen nun kein Geld mehr umzutauschen braucht. Großartig! Dafür bekamen wir durch die Hintertür eine verschleierte Inflation und Geldentnahme. Es dauerte nicht lange, da hatten die Auspreisungen im Lebensmittelhandel in Euro mit denen in DM gleichgezogen. Von mir geschätzt lag die Teuerung durch die Hintertür in kürzester Zeit bei 30 bis 100 Prozent.

Aber zurück zu den blühenden Landschaften. Damals habe ich dem Politikergerede noch Glauben geschenkt, mehr oder weniger jedenfalls. Ich ließ mich verleiten und habe erstmals, dann aber auch letztmalig Immobilienfonds gekauft. Damit hat man dann Jahrzehntelang »Spaß«, aber keine Kontrolle mehr, und man wird zum Zuschauen, was andere Leute mit meinem Geld machen, verurteilt. Zwei Jahre lang wurden mir Ausschüttungen, wie im Prospekt prognostiziert überwiesen, danach 25 Jahre lang nichts mehr. Dabei kann man nur noch zuschauen, wie die Jahre/Lebensjahre vergehen. Die Initiatoren handelten nach Gutsherrenart mit den Geldern fremder Leute. Am Ende wurden mir gerade noch ca. 20 Prozent meines eingezahlten Kapitals ausbezahlt. Und das wäre noch ganz gut, meinten jene Initiatoren voller Stolz.

Das ganze Thema Immo-Fonds ist nur etwas für gewiefte Finanzjongleure und -anwälte. Dazu kommt noch erschwerend hinzu, dass der Staat traditionell kein Herz für übervorteilte Sparer und Kleinanleger hat. Sie bleiben sich selbst überlassen oder müssen teure Wege durch die Instanzen mit ungewissem Ausgang gehen.

Anzumerken währe noch: Sie sollten Immobilienfonds und börsennotierte Immobilien-Aktien nicht zusammen in einen Topf werfen. Mit einem Immobilienfonds binden Sie sich für meist 30 Jahre und geben die Kontrolle an fremde Menschen ab. »Prinzip Hoffnung.«

Immobilien-Aktien dagegen sind Unternehmen, die meist große Immobilienbestände verwalten und entwickeln, und die werden auch börsentäglich gehandelt. Wenn Sie ihr Geld in Immobilien-Aktien investieren wollen, können sie täglich entscheiden, ob Sie Anteile kaufen oder verkaufen. Die Entscheidungen stehen Ihnen frei. Allerdings sollten Sie in jedem Fall etwas Zeit investieren und das wirtschaftliche Umfeld beachten.

Verwalten Sie ihr Kapital in Eigenregie.
Dabei können Sie selbst voller Stolz auf Gewinne oder Verluste blicken.

Noch ein kurzer Nachgedanke: Die DDR war doch »Volkseigentum«. Und als der Laden zugemacht wurde, wurden die Einzelteile der Republik dann an das Volk verteilt? So viel mir bekannt ist nicht!

In Tschechien dagegen schon. Ich war zu der Zeit gerade mit einer Tschechin verheiratet und daher live dabei. An die Bürger von Třemošná, nahe Pilsen, wurden die örtlichen Kolchosen-Ländereien parzelliert unter den Dorfbewohnern verteilt. Die hatten aber oft nicht viel davon. Den Leuten war der Umgang mit Privateigentum im laufe der Zeit sowieso und irgendwie abhandengekommen. So wurden beachtliche Stücke Bauerwartungsland schnell wieder verkauft und mit dem Geld sogleich Urlaub in Griechenland gemacht, wie mir in einem Fall zu Ohren kam. Danach waren die Leute wieder da, wo sie schon vorher waren: arm und selig. Wie gewonnen so zerronnen. Geier und Heuschrecken lauern eben überall da, wo es etwas zu holen gibt.

Wo Geld ist, sind Diebe.

Mit Geld, Privateigentum und Kapital richtig umgehen, das konnten nach dem Ende des Kommunismus nur die Wenigsten im Osten. Die Leute hatten es schlicht verlernt. Es kam zuvor ja alles aus einer Hand und es wurde in eine Hand bezahlt. Die Familien erhielten in der Tschechoslowakei einmal im Monat eine Rechnung, einen schmalen, blauen Papierstreifen, ca. 3 x 18 Zentimeter. Damit ging man zur Poststelle und bezahlte in bar die Miete, den Strom, Heizung und Wasser usw. Auch das Telefon, die Tageszeitung und noch so manch anderes. Ich denke, da waren so um die 20 Einzelposten zusammengefasst, auch Versicherungen zum Beispiel. Mit der Einführung der Demokratie mussten sich die Menschen plötzlich um alles und jedes selber kümmern. Die Menschen waren von da an den Werbeversprechungen mehr oder weniger hilflos ausgeliefert.

Was hat das aber jetzt mit uns zu tun? Wie die Neudemokraten nach dem Ende des allein glückseligmachenden Kommunismus praktisch ins kalte Wasser geworfen worden waren, befinden wir Altdemokraten uns im allein glückseligmachenden Kapitalismus seit jeher im kalten Wasser. Die meisten lassen sich bequemlich von Werbeversprechen leiten. Das ist im Falle von

Zahnpasta oder Skistiefeln nicht tragisch. Die Menschen sind es inzwischen aber auch gewöhnt, sich von Handy-Apps leiten zu lassen. Man gibt die eigene Entscheidungsfreiheit und die eigene Klarsicht auf die Dinge und das eigene Leben mehr und mehr ab.

Und ab dem Punkt sollte man anfangen, sich über größere Geldanlagen und Investitionen im Klaren zu sein, was man tut. Im Extremfall kann man sich das gesamte Leben durch eine falsche Fremdentscheidung versauen lassen. Und wie oben beschrieben, hat der Staat kein Herz für kleine Sparer oder berufstätige Bürger. Es werden zwar immer mal wieder neue Gesetze und Verordnungen für den Verbraucherschutz und den Anleger- und Sparerschutz verabschiedet. Aber genützt hat es selten. Regelmäßig sieht man Berichte, wo wieder einmal Lebensersparnisse fürs Alter kalt abgezockt worden waren.

B ist nicht gleich B. Betrüger sind meist cleverer und schneller als Beamte. Das zeigt sich oft schon bei der Einführung von neuen technischen Möglichkeiten. Gangster sind dann oft die Ersten, die die neuesten Techniken für ihre Zwecke einsetzen. Und die Behörden humpeln hinterher.

4

Da wäre dann auch noch die Sache mit den Intervallen.

Man muss lernen, mit den typischen Intervallen an den Börsen und der Weltwirtschaft und Politik umzugehen. Man kann die Börse mit einem lebendigen Organismus vergleichen.

Die Seele der Börse sind die Investoren, die Händler und natürlich die Nachrichten. Die Stimmungen des Millionenheeres der weltweit agierenden Börsenteilnehmer manifestieren sich in den Börsenkursen und zeigen sich letztlich im Auf und Ab der Kurse. Mal euphorisch, mal depressiv.

Des Weiteren spielen auch Ihre persönlichen Intervalle eine nicht zu unterschätzende Rolle. Sind Sie gerade flüssig, auch liquide genannt, und auf der Suche nach attraktiven Anlagemöglichkeiten. Oder sind Sie voll investiert, aber die Börse entwickelt sich gerade nicht oder ist gar rückläufig.

Um äußerliche oder persönliche Einflüsse auf ihre Investitionstätigkeit darzustellen, gehen wir auf den einzelnen Investor zurück, auf mich. Ich bin seit mehr als 50 Jahren durchgängig Aktieninvestor und ich kenne es gar nicht anders: Es gibt Zeiten, meist so zwischen 4 bis 8

Monate lang, da muss ich mehrmals täglich einen Blick auf die Kurstafeln werfen und darf auch die Wirtschaftsnachrichten nicht außer Acht lassen. In solchen Zeiten ziehe ich oft ein bis zwei Dutzend Kauf- und Verkauf-Orders pro Monat durch. Andererseits gibt es lange Zeiten, da geschieht nur wenig bis gar nichts. Das Börsenvolk scheint sich gemeinschaftlich in Zurückhaltung zu üben. In so einer Phase geht auch mein Interesse am Börsengeschehen gegen Null. Gut für mich, denn dann kann ich mich auf anderes konzentrieren. Unter anderem auf meine schriftstellerischen Tätigkeiten.

Nach den hektischen Börsenphasen, bleibt oft noch was übrig! Einige der Beteiligungen entwickeln sich nicht so wie gedacht und liegen dann wie Blei als Investition im Depot. So werden aus Spekulationen schon mal Daueranlagen. Anteile, die man günstig erworben hat, die danach aber nochmals billiger wurden. Was ist dann zu tun? Haben diese Anteile für die Zukunft Fantasie und Entwicklungspotenzial, dann verbleiben diese Papiere im Depot und man erfreut sich an den Dividenden Ausschüttungen. Es kommen ja auch wieder einmal heißere Phasen. Sind die Aussichten dagegen nur so lala und die Zukunft für ein Papier düster, empfiehlt sich ein Verkauf.

Spekulationsverluste werden realisiert und mit Gewinnen verrechnet. Das bringt zusätzliches freies

Kapital und die Steuerlast für die Überschüsse reduziert sich.

Man sollte auch nicht versuchen auf allen Partys zu tanzen.
Denn dann könnte man sich schnell verzetteln und den Überblick verlieren.

Es gibt schier unendlich viele verschiedene Anlage- und Investitionsmöglichkeiten. Suchen Sie sich auf jeden Fall das aus, was Ihnen liegt, und bleiben sie dabei. Zum Beispiel Festverzinsliche, ETFs, Fonds, Immobilien, der Kunstmarkt oder historische Fahrzeuge als Anlageobjekte usw. usw. Oder eben den Aktienmarkt. Wichtig ist es allemal, den jeweiligen Markt zu verstehen und zu durchschauen.

Ich wünsche Ihnen zu all ihren Entscheidungen jedenfalls Glück und Erfolg. Und lesen Sie dieses Büchlein gelegentlich wieder durch, um in der Spur, in ihrer Spur zu bleiben. Denn eines ist sicher: Die verfügbaren Reichtümer des Planeten wachsen nicht so rasant wie die Gier einiger Marktteilnehmer. Wenn irgendwo große Gewinne erzielt werden, verlieren andere meist Geld. Es ist nicht einfach, stets bei den Gewinnern zu sein. Aber vermeiden Sie es, allzu oft auf die Verliererseite zu rutschen.

Neue Entwicklungen und Produkte

Mit der Pferdekutsche ist heutzutage niemand mehr unterwegs. Auch Sie besitzen sicherlich einen PKW oder haben einen Führerschein. Das Leben geht voran, und es gibt immer wieder neue Entwicklungen und Produkte. Wie zum Beispiel den »Neuen Markt«, das Smartphon oder das Navigationssystem für ihr Automobil und so weiter und so fort.

Der neue Markt hatte sich schnell als Grab für das Investitionskapital neuer Anlegergruppen herausgestellt. Die Vorstellungen neuer elektronischer Geräte zum Beispiel sorgte für ungebremsten Optimismus. Dabei rechnen sich viele etablierte und neue Unternehmen für die Zukunft gute Gewinne aus. Mit den tollen Zukunftsaussichten schossen die Aktienkurse ungebremst nach oben und die Anleger gingen gerne mit. Und wie so oft: einige Unternehmen gehören heute zu den größten weltweit. Andere verschwanden fast schon unauffällig sang und klanglos von der Bildfläche und hinterließen nicht selten eine finanzielle Blutspur nach ihrem Ende. Im Neuland der Angebote und Produkte, muss man stets auf der Hut sein. Wer aufs richtige Pferd setzt, der hat nicht selten ausgesorgt oder ist zumindest gut versorgt.

Ich denke, viel mehr braucht man zu Anfang nicht zu wissen. Mein Einstieg vor 50 Jahren geschah ja ohne jegliches Grundwissen und hat ja auch funktioniert. Benutzen Sie ihre gottgegebenen Fähigkeiten, dann wird es schon gut gehen.

Bonus: Die Sache mit dem Alphatier. Ein Taschenbrevier

Um die Funktion der Börsen und der Menschenwelt zu verstehen, muss man eines in den Blick nehmen: das Alphatier, in der Literatur auch der Alphaaffe genannt. So ziemlich jedes höher entwickelte Leben auf dem Planeten funktioniert nach den Prinzipien der Gruppenbildung mit einem Leittier an der Spitze. Dabei geht es immer um die Verteidigung eines Reviers, des vorhandenen Nahrungsangebotes und der Weibchen. Von den Flusspferden über das Wolfsrudel und die Affenbande bis hin zum den Hirschkäfern herrscht meist ein männliches Tier über die Gruppe und das Territorium. Es gibt auch Ausnahmen: Bei den afrikanischen Wildhunden zum Beispiel beherrscht stets ein weibliches Tier das Rudel.

Egal, so oder so, in der Beiß- oder Hackordnung eines Rudels hat jedes Tier seinen Platz in der Reihe. Ist die Hackordnung einmal festgelegt, ist jedes Tier – bis hin zum letzten, der von allen als Letztes fressen darf – glücklich und zufrieden. Unruhe kommt aber immer dann auf, wenn ein neues männliches Tier den alten Herrscher vertreiben will. Dann kommt es regelmäßig zum Kampf, zur Vertreibung oder zum Tod des Herausforderers oder des alten Chefs. Bei den afrikanischen Wildhunden wird die Vormachtstellung natürlich unter den kräftigsten Weibchen ausgetragen.

Auch bei uns Menschen ist dieses uralte Verhaltensmuster verankert. In Demokratien, Imperien oder Diktaturen stehen Präsidenten oder Gewaltherrscher an der Spitze. In kleinen und mittleren Firmen oder Welt beherrschenden Unternehmen steht meist eine Führerpersönlichkeit, ein Vorstandsvorsitzender oder Direktor an der Spitze eines Unternehmens.

Wohl und Wehe eines Unternehmens ist daher zumeist direkt mit dem Mann oder der Frau an der Spitze verbunden. Wird so eine Person abgelöst, hat das meistens auch direkte Auswirkungen auf den Aktienkurs des Unternehmens an der Börse. Ein Wechsel in der

Unternehmungsführung steht dementsprechend in den Nachrichten immer auf der ersten Seite. Denn dann werden mit ziemlicher Sicherheit neue Ziele ins Visier genommen und die Ausrichtung eines Unternehmens ändert sich.

Alles Weitere, was Sie wissen müssen, kommt mit Ihren Erfahrungen.

Viel Erfolg
Ihr Dietmar Krönert

PS: Und nicht vergessen! Um am Aktienmarkt auf Dauer Erfolg zu haben, muss man Aktien und das dafür bereitgestellte Geld als Arbeitsmaterial betrachten, das heißt: Der Erfolg bleibt aus, wenn man zukünftige Gewinne schon verplant.

www.ingramcontent.com/pod-product-compliance
Lightning Source LLC
LaVergne TN
LVHW042240190726
843491LV00003BA/1161

* 9 7 8 3 7 6 9 3 5 0 5 6 2 *